JN438531

봄 여름 가을 겨울

그리고

봄

봄 여름 가을 겨울
그리고
봄

—

이소애

감성 시 에세이

신아출판사

시인의 말

물결처럼 찰랑거리는
언어들이 4년 동안 나를 외롭지 않게 했다.

밤늦도록 시의 숲을 거닐다가
휘파람새가 되어 새벽에 생각을 불렀다.

절벽에 뿌리를 내리고 위태롭게
존재감을 키우는 동강할미꽃 같은
시 편들.

정인수 화백의 예쁜 삽화로
시가 더 훈훈하고 평화롭다.

작품을 수록하도록 허락해준 시인들과
〈새 아침을 여는 시〉 연재를 위한 텃밭을 내주신
전북일보사에 감사드린다.

2019. 5.
이소애

차례

2부

—

여름

3부

—

가을

4부

—

겨울

5부

—

그리고

봄

—

네 이름을

불러주지 않아도

너는

매년

그 자리에

피어 있더라.

—

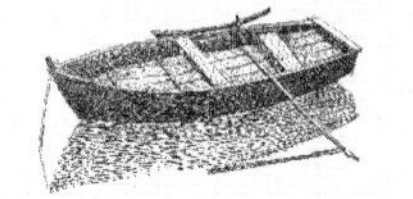

봄날

이병초

꽃부터 속아야 한다고들 해서
가지가지 온통 하얀 사과꽃 앞에 섰는데
어떤 꽃을 속아야 할지 잘 모르겠다
수정된 꽃인지 아닌지 도무지 알 수 없어서
너 통하였느냐 물어보려는 참인데
벌 한 마리 꽃에 스미어 미동도 않는다
꽃이 손가락 끝을 세워
벌의 어딘가를 긁어대는지
사알살 긁고 긁힐수록 살은 파들거리며
머릿속의 무거운 것들이 시원하게 긁혀 나오는
수상한 쾌감을 맛보는 건지
발소리 죽이고 어서 빠져나가야겠다 싶은데
어라, 사과나무에 실눈 뜬 새싹들
숨이 몽글몽글해졌다

시를 읽는 동안 저절로 내가 꽃으로 피었다. 눈앞에 사과꽃이, 활짝 피어있는 향기가 나를 유혹한다. 미동도 않는 "벌 한 마리"처럼 양팔을 벌려 꽃 속에 파묻히고 싶다. 인공으로 수정을 한다는 요즈음 벌의 날갯짓은 귀한 손님이다. "수상한 쾌감"을 맛보는 벌에게 방해가 되지 않도록 "발소리를 죽"여야 한다니, 절로 웃음이 난다. 오랜만에 웃어보는 오후, 사과나무에 초록빛 새싹이 얼굴을 내밀어야 봄날이 온다.

단식을 하면

나 혜 경

사람 만날 일이 뚝 끊긴다
수다도 없어지고 땀 흘릴 일도 없어져
꽃이 피어도 햇빛이 반짝여도 그저 그렇다
기쁨도 슬픔도 다녀가지 않아 우울한 나날
오직, 밥 생각만 한다
자장면 설렁탕 김치찌개 쌀밥 파전 찰떡
사랑을 끊으면 사랑에 갇히고
밥을 끊으면 밥에 갇힌다

단숨에 읽고 나니 내 이야기를 옮겨 놓은 것 같다. 참 재밌다. 단식을 경험했을 때 마음의 변화를 현미경으로 본 듯하다. 몸맵시를 생각하면 어떠한 유혹에도 넘어가지 말아야 하는 일. "밥을 끊으면 밥에 갇"히고 "사랑을 끊으면 사랑에 갇"힌다니 탁 무릎을 치게 만든다. 사랑을 끊으면 괴롭다, 슬프다, 아프다 등 형용사를 피한 "갇힌다"는 동사가 나를 사로잡는다.

초록비

박 성 숙

바람 일지 않게
스란치마 끄는 소리로
그러나 여물게 굴러 떨어지는

잎새에 흘러
소년의 반짝이는 이

꽃잎에 앉아
소녀의 부끄러움

산천을 씻는 빗물 방울방울
산도 들도 초록 세상

한 마리 새로 날아서 올라
구름도 초록으로 물들이고 싶은

"스란치마"를 입은 여인의 자태를 생각한다. 대청마루에 끌리는 스란치마 끝자락 소리를 떠올려 본다. 조심스러우면서도 영글게 세상으로 굴러 떨어지는 비가 초록이다. 초록 잎에 몸을 내려놓으니 초록빛이고 산천이 초록이니 초록비리라.

"초록비"는 옛날 옛적 소년과 소녀를 떠올리는 부끄러움에 젖게 한다. 싱싱하고 탱글탱글한 빗방울을 새의 날개에 적셔 보고 싶은 화자, 구름에 스며들고 싶은 그리움 때문일까.

고층아파트

조혜전

원고지다
불 켜진 창마다
언어가 사는,

불 꺼진 창마다
언어가 숨는
소설이다
시다

짧은 시 속에 고층아파트 숲이 한꺼번에 밀려온다. 숲 속에 살면서도 그 숲을 보지 못하고 콘크리트 벽에 새긴 이름과 동을 표시하는 숫자만 읽곤 했었다. 그 속에서 살고 있을 사람은 생각해 본 적 없었다. 가끔 새벽에 불이 켜진 아파트를 보면 불면증에 시달리는 사람일 거라고 혼잣말을 하곤 했다.

시를 읽고 고층아파트 창문을 바라보니 네모난 창문이 원고지 같았다. 그런데 그 속에 언어가 살다니, 놀라웠다. "불 꺼진 창마다" 소설이고 시라니……

할 일 없는 날

장화자

할 일은 많은데
할 일 없이 어슬렁거릴 때가
가끔은 있다
비어 있는 손처럼
머릿속도 휑하니
도무지 생각이 나지 않아
바닷물처럼 출렁거릴 뿐
말갛다

조금 전의 복잡은 어디로 갔을까

우두커니 앉아 있는 내 앞에
우루루 몰려나온 고요가
복잡을 해체하고 있는 중이다
할 일 없는 날
할 일을 털어버렸다

할 일이 없는 날은 "할 일을 털어"버린 날이다. 아니, 할 일이 생각나지 않아 머릿속이 휑하니 비어 있는 때이다. 주춧돌이 무너지는 것 같은 두려움과 거센 풍랑이 안방까지 덮칠 것 같은 불안감이 할 일이 생각나지 않게 한다.

내 주위를 감싸고 있는 고요, 그 고요가 하늘과 땅을 맞닿게 하는 어둠이다. 어둠은 무섭다. "우두커니"란 말도 무섭다.

꽃 속에 앉아

김 영

꽃 속에 앉아
빗질 자국 가지런한 내 몸에
이슬비가 놀러 오면 먼 나라의
몸피 하얀 자작나무 이야기를 졸라야지
나는 괜히 눈가가 촉촉해질 거야
물푸레나무를 푸르게 받아쓰는
시냇물도 아는 체 해야지
부엌으로 가서 노을 같은 꽃잎
두어 개를 느긋하게 구워
양떼구름에게도 하나 건네줘야지
우편배달원 나비가 암술에게
때를 알려주면
얼른 꽃잎 대문 지그려주고
나도 씨방에 들어가 자올자올
공짜로 잠들어야지

"씨방에 들어가 자올자올/공짜로 잠들어야지" 꽃 속에 "공짜로 잠"드는 이는 누구일까? "빗질 자국 가지런한" 화자의 몸에 이슬비가 되어 놀러가고 싶다.

"시냇물에게 양떼구름에게" 화자의 마음을 건네 줄 "우편배달원"이 될까보다. "꽃잎 대문 지그려"줄 시인을 불러 본다. 눈가 촉촉해지도록 꽃 속에 앉아서 불러본다.

텅 빈 그리움

김 형 중

커다란 종이컵에 그리움을 가득 담아
정겨운 얼굴을 기다린다.
풍경을 그려가는 시침은 돌아가고
눈길은 출입문으로
두 손은 찻잔으로
지친 시간을 마시려는데
뭇 시선들이 따갑구나.
그리움에 그려진 목소리란
커피 잔이 텅 빈 이런 맛이던가.

가슴이 막막해진다. 광활한 벌판에서 나 혼자 터벅터벅 걸을 때처럼 공허하다. 커피 잔에 일렁이는 그리움은 작은 폭풍이리라. 기다리는 사람의 목소리와 얼굴과 옛 추억이 출입문을 드나드는 시선을 따갑게 만든다.

기다리면 오는 걸까? 밤새도록 기다리면 그리움이 채워지는 걸까? 울컥 치밀어 오르는 그리움을 잊어 본다.

빈 배

허소라

우렁찬 새만금의 고동소리 따라
바다로 가는 해가 몸을 풀면
한쪽켠의 빈 배들이
지난날의 꿈을 말리고 있다.
이제 눈부신 수평선은
일직선의 제방으로 막히고
만선의 기폭은 노을 속에서
고개를 숙이고 있다.
마지막 체온인 양
서로를 끌안고 있는
저들 위에
갈매기 대신
우렁찬 새만금의 고동소리
일체를 삼킬 듯이 파도 되어 밀려온다.
오 우리의 꿈이었더냐, 희망이었더냐
새만금, 새만금!

한쪽으로 밀려난 빈 배를 생각한다. 세월은 "우렁찬 새만금의 고동소리"에 묻혀 빈 배를 만들었다. 빈 배는 폐선일까? 아니다. 빈 배는 싱싱한 꿈을, 희망을 기다리고 있는지도 모른다.

우렁찬 미래를 가득 채우기 위해 배는 비어 있는지 모른다. 풍어와 만선의 울긋불긋한 깃발을 기억하고 있을 게다.

손목터널증후군

진 채 란

사나흘 봄바람은 병실 흰 벽에 수채화를 그렸다
가로등 그림자에 흔들리는 건
벚꽃의 연분홍 유혹이다

봄향기 유리창 틈새로 가득했으나
한꺼번에 갓 피어난 꽃은
손목터널의 고통을 끼고 기억으로 달린다

생각이 휘모는 굴곡의 여울엔 통증을 감고 지나가는
꾸깃꾸깃 접어둔 용서할 문장들
손목으로 지워갈 때 아픔이 사라지는 것

가슴 모서리를 휘돌고 가는 참회는
벚꽃 입술에 스며든 너그러운 마음으로
지독한 그이를 다독일 때다

모든 병은 마음으로부터 싹이 튼다. 아니 가슴 깊이 쟁여놓은 미움으로부터 진행된다. 손목터널증후군도 누군가가 연분홍 벚꽃 필 무렵 아픔을 주었기 때문일 것이다.

해마다 봄바람이 불면 그 아픔의 트라우마에 시달릴지도 모른다. 치유법은 단 한 가지, 미움을 사랑으로 다독일 때다. 참회하는 순간 고통도 사라질 거다.

온고을 전주

김 인 규

전주의 멋에 풍취를
너는 모른다
전주의 소리 흐르는 밤을.

온고을 전주는
역사를 품고 밤을 누비다
빛과 어둠이 만나면
비빔밥이 된다.

미주알고주알 캐고 캐서
문화는 사람이 먹고
유산은 미래가 먹는다.

"온고을"은 살기에 완벽함을 갖춘 고을이라는 순우리말이다. 도심 한가운데에 전주천이 있어 맑은 물 흐르는 소리를 듣고 자랐다. 가뭄에 끙끙거리는 소리, 장마철 성난 소리가 판소리처럼 늘 우리들 가슴에 스며들었다.

완산칠봉과 기린봉, 황방산의 바람은 잘 어울리는 비빔밥이 되고 천년의 역사를 새겨 주었다. "너는 모른다." 온고을 사람이 아니고서는 전주의 소리 들리지 않을 거다.

호남제일문

이목윤

눈치 보던 바람
핑계로 떠나는 꼬리에
민들레 홀씨도 묻어갑니다

옛 영화 어디가고
수문장은 서 있어도
해마다 줄어드는 애드벌룬

울고 있습니다
호남제일문
칠포, 인구 절벽 시대

사탕 두 세 개론 늦어버린 처방
애달파 흔들리는 문.

흔들려서는 안 된다. 울어서는 더더욱 안 될 일이다. 천년 고도 전주의 시민과 도민의 긍지와 자부심을 높이기 위해 세워진 문, 화자는 그 문을 바라보면서 염원하는 모든 일이 이루어 질 거라 믿고 살았나보다.

그냥 지나치다가도 멈칫, 그러나 홀대받는 현실을 위로하면서 숨을 몰아쉰다. 고향을 제 몸처럼 걱정하는 화자에게 고개 숙인다.

뒤척이네, 봄

송 재 옥

온 천지에 비단 깔고
무슨 생각을
마른 가슴에 불 지르나
얼핏 내미는 속살을 보면
순정 싱그러이 울렁거리네.
향기 내뱉는 풋사랑아
어쩌자고 한꺼번에 다 주려하나
못다 피면 한이 되고
끊자니 연이 너무 깊구나
아서라 못 참겠다
너에게 빠져 죽어도 좋다
미치겠다 이 질서야.

"순정"이라는 두 글자에 내 마음도 울렁거린다. "풋사랑"이라니……, 마른 가슴에 불 지르는 봄이 휘어진 등뼈를 곧추세운다.

들뜬 사랑이면 어쩌랴. 봄이 살랑살랑 꼬드기니 진달래꽃물에 입술 빨개지도록 세상의 질서를 무너뜨리고 싶다. "인연이 너무 깊"어 참지 못하는 그리움 하나. 그래 봄인 거지!

갯버들

김 영 진

찬 이슬 내리는 개울가
갯버들 가지 꺾어
물컵에 꼭꼭 심어 다졌습니다
가지 끝 어린 꽃눈
부스스 눈 뜨는가 싶더니
달짝지근한 소망 품고
하늘로 하늘로 품을 열어갑니다
보송보송 간질거리는 솜털 사이에서
보일 듯 움트는 작은 생명
단단한 껍질을 벗어버리고
세상을 여는 갯버들
산자락 휘돌아 찾아오는 꽃소식으로
그리운 것들은
그리 눈 뜨고 슬며시 다가옵니다

"산자락 휘돌아 찾아오는 꽃소식"에 내 마음속 그리움도 꽃 피운다. 어머니는 이불 홑청을 벗겨 빨래하면서 봄 마중을 했었다.

어머니의 한을 빨랫방망이는 알았으리라. 맑고 슬픈 그 소리가 그립다. 빨랫감을 차닥거리는 방망이 소리에 놀라 갯버들이 실눈 뜨던 옛 그리움이 다가온다.

어떤 봄날

최 만 산

건지산 검은 나뭇가지 사이
동이 트고
산까치가 파득 눈을 떴다
샛길을 타고 나가
천변을 감아 돌던 바람은
새벽 야채 장수의 트럭 위에서
흔들렸다
아내는 천 원어치의 봄을 샀다
달래, 취, 돌나물과 냉이
봄을 씹는 이른 밥상머리에
여린 햇빛들이 때굴거렸다
사랑에 빠졌던 날
한평생 서럽게 찬연한 봄이
강물처럼 일렁이는
아침 일곱 시

봄맛, 향기로 스며드는 봄나물이 겨울과 봄 사이에서 맛으로 다가온다. "산까치"의 날갯짓에 봄이 강물처럼 일렁인다.

"천변을 감아 돌던 바람"이 태양을 따뜻하게 품더니, 봄나물이 이내 밥상에 오른다. 밥상머리에서 나눌 사랑을 위하여 봄은 온몸을 휘더듬는다.

민들레

김환중

동구 밖 느티나무 아래
버려진 안마의자가 있다

무너져 내린 어깻죽지
녹슨 다리에 닳고 닳은 관절, 문드러진 속
소소리바람에도 겨워한다
제 팔다리 주무르며 허물어져 간다

황사가 늘어놓는 푸념 너머
바람결에 들려오는 부음,
습관처럼 딴전을 피운다 귀를 후빈다
소식 끊긴 지 십 년 넘은
막둥이라도 기다리는 걸까,

아직은 갈 수 없다는 듯, 손사래 친다
자드락 자드락 헐거워진 뱃구레 틈새로
민들레 한 송이 피워 올렸다

고장 나 버려진 안마의자인 듯
파파 할멈,
동구 밖 느티나무 아래 주저앉아 있다

"소소리바람에도 겨워"하는 "버려진 안마의자"의 틈새에서 피어난 민들레꽃은 희망이다. 십 년 넘게 소식 끊긴 막둥이에게서 기쁜 소식이 올 것이다. 어둔 귀를 후비지 않아도 동구 밖에서 달려 올 막둥이의 환한 웃음을 맞이하는 봄이 되리라.

낡아가는 안마의자의 삐걱거리는 아픔에서 용케 희망을 피워 올린 민들레의 용기에 감탄한다. 겨울을 지나온 강한 의지보다는 피워 올린 꽃을 본 시인의 눈이 밝다.

물빛

조춘식

물빛은 무슨 색일까

하늘 아래 물은 하늘색이고
산 아래 물은 산색이네

들 아래 물은 들색이고
나무 아래 물은 나무색인데

임의 마음 비춘 물은 무슨 색일까
강물은 대답 대신 물안개만 피우네

두 손 오므려 전주천 강물을 가득 떠서 해당화 꽃잎에 적셔 보았다. 다홍색으로 물빛은 옷을 갈아입었다. 만일, 만일 내 마음이 붉은 표정이라면 물빛은 나의 존재를 무지개 색깔로 비출 것이다.

사랑이 식을 때 무지개는 어떤 색을 마지막으로 간직할까? 있는 듯 없는 듯, 슬픔과 기쁨을 모두 껴안아 줄 포근한 물빛이면 좋겠다.

민들레

심옥남

터벅터벅
실업급여 타러 가는 좁은 골목길

발 끝에 채여도
무심히 지나치는 게 불문율이다

비정규직의 봄은
갓길로 온다

한국지엠 군산공장 폐쇄 이후 노동자들의 절규를 생각한다. 실업급여 타러 가는 노동자의 무거운 발걸음 소리가 들리는 것 같다. 터벅터벅 좁은 골목길 민들레를 밟고 지나간다. 민들레의 비명은 땅 밑으로 깔린다.

가녀린 꽃대가 부러질까 바람도 비껴가는데, 발끝에 채여도 누구 하나 관심을 주지 않는 꽃. 짓밟아도 다시 피어나는 질긴 운명.

지우개에게

김남곤

오늘
온 인류의 이름으로
너에게 명령 하나를
하달한다

지구상에 있는
모든 나라의 국어사전 속에서
다음 단어를 벼락 치듯이 지우고
보고하라

“전쟁”

2018년 4월 1일
꼬마대장

항상 해맑은 모습으로 사시더니 예쁜 동시집을 세상에 내놓으셨다.

군사분계선이 보이는 소떼 길에서 남과 북의 두 정상이 함께 심었다는 소나무가 참 푸르다. 나무는 '평화와 번영을 심다'라는 명찰을 달고 있다. 한라산과 백두산 흙을 섞고 한강과 대동강 물을 몸으로 받은 소나무는 한민족임을 수천 년 후에도 가슴에 새기리라.

"전쟁"이란 단어를 사전에서 지울 것이다. 백두산 천지의 물과 한라산 백록담 물을 받아드렸으니 우리 또한 지구상에서 전쟁을 잊고 살날이 오겠다. 도보다리 새들처럼 평화의 노래를 부르며 살 것이다. "꼬마대장"의 명령에 순종하겠다. "국어사전 속에서" "전쟁"을 지우시오!

젖은 눈망울에 대하여

복효근

그냥 통을 받치고 젖을 짜려 하면
별 소득이 없으므로
낙타 주인은 새끼 낙타에게 먼저 젖을 빨게 하다가
새끼 낙타를 떼어내고 마저 젖을 짠다

젖이 돌지 않다가도
새끼가 다가서면 유선에 젖이 돌기 때문이다
젖을 짜는 동안
새끼 낙타를 곁에 세워두는 것도 그 때문이다

새끼를 내려다보는,
어미를 올려다보는
여린 초식동물의 눈망울은 왜 그리 흥그렁 젖어있는지

그저 풀이 자라서 이 사막에 낙타가 살아가는 것이 아니다
안쓰러이 울음 우는 어미 낙타가 있어
새끼 낙타의 젖은 눈망울이 있어
자갈과 모래뿐인 사막에 젖이 돌고 그나마 풀이 자라는
것이다

가슴이 뭉클하다. 울부짖는 아이를 떼어놓고 출근할 때마다 겪었던 맞벌이의 아픔이 뼈에 사무친다. 눈시울이 뜨겁다. "새끼를 내려다보는" 어미 낙타의 "홍그렁 젖"은 눈망울처럼 온종일 보내지 않았던가. 먼발치에서 "어미를 올려다보는/안쓰러"운 새끼 낙타의 눈물이 나를 울게 한다.

명절이 다가오면 젖을 먹여 키운 자식들이 더 보고 싶어진다. 자갈과 모래뿐인 사막의 초록 생명이 내 마른 몸에서도 젖을 돌게 한다.

옥정호 연가

이 점 이

태양이 지상의 커튼을 젖히며
붉은 장미
뚝
뚝
옥정호 휘도는 길목

국사봉 계단에 놓인
걸음걸음
정지된 시간 너머로
몇 겁 인연인가

붕어섬은 시방
물비늘이 낮별로 떼지어
무도회 폴카 연습 중

하늘바라기 푸른 숲엔
들숨 날숨 콩닥콩닥
합궁 채비중이다

덩굴장미가 붉은 태양을 업고 얼굴을 내밀고 있다. 바람을 데리고 강변도로를 휘돈다. 철조망 담장 위로 고개를 내민 장미의 유혹에 발길을 멈춘다. "붉은 장미/뚝/뚝/옥정호를 휘도는 길목"에 나도 "정지된 시간"처럼 멈춰 선다. 뚫어지게 보아야 '붕어섬'이 보인다.

물비늘이 낮별로 떼 지어 무도회를 하는가? 덩굴장미의 얼굴이 붉은 이유를 이제야 알겠다.

보리암

이 선 화

산그늘 다소곳이 안은 보리암
울지 못하고 가는 사람들 있을까봐
사그락 사그락 발소리 따라 비가 온다

빗소리에 돌아눕는 싸리 꽃들이
누군가가 흘리고 간 연정을 탐하듯
마음과 침묵으로 합장 하고

억겁에 짓눌린 눈꺼풀이
땅바닥으로 깔릴 즈음

부처님 울안에 걸어둔 연등
내 소원 행여 들킬세라
바쁜 걸음 재촉해본다.

보리암은 경남 남해군 상주면 상주리 금산 남쪽 봉우리에 있는 절이다. 석가탄신일을 기해서 절에 걸어둔 연등을 바라보노라면 마치 내가 연꽃의 분신 같은 착각이 든다. 연등에 새겨진 이름들을 읽으면서 나도 손바닥에 이름을 써본다.

이 세상에서 가장 불쌍한 사람, 억겁에 짓눌린 눈꺼풀을 감았다 떴다 껌벅거리며 어디서엔가 방황하고 있을 그 사람을 위해 기도한다. "사그락 사그락" 내 마음속 발자국 소리.

너

정 재 영

해가 뜨면
일제히 고개를 드는
해바라기

내 온몸의
해바라기는
너를 향해 있다

눈부신 노을을 남기고
산을 넘어간 너 때문에
잠들지 못하고
내내
너만 향해 있다.

해가 뜨면
너를 향해 다시 고개를 드는
나는 해바라기

"너"라고 부르는 강렬한 소리가 창문을 깬다. 쫘악 금이 간다. 눈부신 노을을 남기고 떠난 너, 온몸이 너를 향해 있는 나는 잠들지 못하는 해바라기다. 너라는 태양이 떠오르면 저절로 고개를 들고야 마는 운명의 해바라기다.

온몸이 너를 향해 있음은 내 사랑을 알리는 일, 온통 그리움으로 화자는 하루를 산다. "너"가 혹여 "산을 넘어간"다 할지라도 먼발치에서라도 빛의 부스러기를 맞이할 찬란한 슬픔이 보이는 시다. "나는 해바라기"이니까.

부싯깃

이 명 희

좌우
극과 극
상반의 집착
부시와 부싯돌이의 충돌이
불꽃으로 튀면서
말려 진이 털려 나간
하얀 쑥이
탄다

부싯깃이 없으면 부시와 부싯돌은 불똥을 만들지 못한다. 서로를 부딪쳐 보아도 끄떡없다. 돌과 돌이 뜨거워져도 불꽃은 일어나지 않는다. 수십 년 살아온 그와 내가 손을 잡아도 불꽃이 일어나지 않는 것처럼.

부시와 부싯돌의 충돌이 세상에 불꽃을 내보려면, 아니 활활 타올라 소외되고 외롭고 아픔에 시달리는 사람들에게 희망의 불꽃을 보내려면, 내가 부싯깃이 되어야겠다. 부싯깃이 되어 충돌하며 삐걱거리는 세상에 윤활유가 되어야겠다.

와불臥佛

이 희 정

초록이 뿜어낸 피톤치드를 마시며
측백나무 숲길을 걷고 있다

나무는 그냥 숲인 것으로 만족하듯
나도 무엇이 되고 싶은 욕심은 없다

그러나 이곳에 오면
곧게 뻗은 측백나무 밑에

편안하게 누어있는
와불臥佛이고 싶은 마음

과욕일까?

부끄러움 같은 것을 느끼면서
눈감고 비스듬히 누어본다

일어설 수 있을까? 능선 꼭대기에 모셔져 있는 와불의 미소는 알 듯 모를 듯 들리지 않는 말을 건넨다. 교만하고 목이 뻣뻣한 내가 그 말씀을 알아듣지 못할 뿐이다. 포근하고 온화한 미소가 내 이기적인 삶에 채찍질을 한다.

와불 곁에 눈감고 누워보는 화자를 생각한다, 내가 욕심을 버리면 와불이 벌떡 일어날까? 아니면 내가 일어설 수 있는 걸까?

나팔꽃

조 미 애

끝없이 그렇게 오르고자
빛은 하얗게 더불어 담이 되고
의지가 되고 바람은
구름 속도로 살랑거린다
지금 잎이 초록이라는 것은
꽃이 화려하게 꿈꾸는 중임을
말해 무엇하랴
다가섰을 때에야
보이지 않던 것들
볼 수 없었던 사실들이
비로소 눈에 들어와
우리는 하나일 수 있었다
무게중심을 옮길 때 보랏빛은 환상
아침이면 세상에 들었다가
햇빛에 부끄러워 제 몸을 접으며
홀로 꿈꾸는 나팔꽃.

보랏빛 나팔꽃을 생각한다. 태양이 떠오를 때 눈 감아버리는 그 꽃을 사랑한다. "햇빛에 부끄러워" 혼자서 꿈을 꾼다는데, 끝없이 오르는 꽃을 위하여 바람도 눈치를 본다는데, 입 꼭 다문 나팔꽃에게 뜨거운 키스를 보내고 싶다. "우리는 하나일 수 있"다는 사실을 말없이 건네고 싶어서다.

그네

양봉선

더 높이
오르기 위해
구르면서
산과 친구 삼고

더 멀리
바라보기 위해
다시 구르면서
하늘과 친구 삼았더니

성큼 다가온
맑고 시원한 바람
가슴에 쏙 안기며
덩달아 같이 놀자하네요.

아이의 눈으로 읽어본다. 산, 하늘과 친구 삼으려고 온 힘을 다해 그네를 타는 화자의 모습이 눈에 선하다. 덩달아 하늘로 솟는 바람이 눈치 없는 걸까? 옆에만 있어주어도 든든한 바람. 바람은 숨어서 가슴으로 온다. 몰래 스며든다.

한 번도 형태를 눈으로 확인해 본 적 없는데도 우린 물체가 움직일 때마다 바람의 손짓이라고 믿는다. 바람이 가만가만 내게로 오듯, 사랑도 살짝 가슴을 두드리며 온다.

북

서동호

북이다
그래 북이다
그것도 동네 북

두드리면
두드릴 때마다
기꺼이 소리를 내는

남들은
그 소리가 좋은가보다
북소리라고

소리 내는
북은 참 아프다
그저
터지기 싫어
먼저
소리를 내지를 뿐이다

둥둥
둥둥둥 퉁 투웅

짧고 강렬하다. 하늘에 고하는 소리다. 북은 인간의 심장 소리와 똑같다는데, 하늘과 인간을 연결하는 소리인가? 동네북, 나도 어느 땐가 동네북처럼 아픈 소릴 낼 때가 있었다. 애절한 화자의 가슴 치는 소리를 들어주는 사람이 누구였던가? 읽을수록 가슴이 뭉클하다. 둥둥둥, 터지기 싫어 먼저 소리를 내지르는 북이여 멈추어다오.

소나무 절벽에 나서다

박 일 천

등 굽은 소나무
기품 있다 말한다
바위틈 비집고 뿌리내리며
굽어지고 휘어진 것을

멍울멍울 몸에 박힌 옹이
솔방울 풍경소리로
일으켜 세우고

산천이 눈으로 덮이는 날
절벽에 나선다
푸르른 빛 내어 품는다

바위를 품어 굽은 등
엉클어져 껴안고 있다

화자는 "바위를 품어 굽은" 소나무를 "기품 있다 말"하고 있다. 척박한 "바위 틈 비집고" 용케도 버티어 온 굽은 등이 아름답다 말한다. "멍울멍울 몸에 박힌 옹이"로 "솔방울 풍경소리로/일으켜 세우"듯, 굽은 등을 떠올린다.

바위 틈새에 뿌리 내린 소나무의 강인함은 눈물로 버티어 온 생의 모습이다. 삶의 휘몰이처럼 소나무는 그렇게 등이 굽었다.

전주찬가

안 평 옥

밤 가면 아침이듯, 바람에 비 오고
비 오니 천둥번개 치면서
가뭄과 장맛비의 소나기에
폭설이 하얗게 쌓이는
봄, 여름 갈 겨울을
순리로 쫓는 온골사람들은
너 나 없이 넉넉한 마음이라서
완산칠봉 위의
흰 구름은 노저어가고
다가산에 고운놀이 일어
맑게 흐르는 냇물과 같이
못 잊어 찾은 모악산 바람이
덕진못 연꽃을 간질이고 있네요.

동학농민군 전주입성비가 있는 완산칠봉에서 전주찬가를 읊어본다. 아까시꽃 향기에 처음 취해 본 다가공원에서의 청춘을 떠올려 본다. 덕진공원의 연꽃과 흔들다리의 아슬아슬한 생도 그려본다.

천년전주의 마실길인 전주천에 떠올려보면, 어떤 그림이 그려질까? 온고을 남부시장 사람들의 싱싱한 모습들이 이마에 땀방울로 맺힐 것이다. 도토리골에서 살았던 친구는 돛대골을 떠나 어디에서 살고있는지 궁금하다.

긴긴 장마철에 물에 잠긴 책가방 이야기를 나누고 싶구나.

손때 맛

유 휘 상

손때 맵기로 동네 소문 난 핏대양반
어느 여름날 점심,
보리밥에 찬물 말아 왈칵왈칵 먹는데
울퉁불퉁 인상 궂은 청양고추
생된장에 푹 찍어 먹었겠다.
약찬 풋고추가 깨나 매웠던지
입 호호불어 대며 손부채 부치다가
물 한 대접 들이킨다.
아이 매워 아 참 고놈, 눈물이 다 핑 도네
겸상 밥 먹던 중3 아들
아버지, 매운가요?
아무리 매워도 아버지 손때 맛만 하겠어요.

어렸을 적 평상에 앉아서 먹던 보리밥이 생각난다. 찬물에 말아 된장에 풋고추 찍어 먹던 그 맛. 어머니가 장독에서 퍼온 생된장에 청양고추를 찍어 먹어 보아야 여름이었다. 매운 맛에 손부채를 부치다가 물 한 대접 들이키기를 수차례 하다보면 그 여름이 갔다.

아하, 아버지 손때가 매웠던가? 매워서 눈물이 핑 돌아도 그 맛을 보여 줄 아버지가 계셨으면 좋겠다.

꽃심 전주

고 미 희

오목대에 올라
고려의 멸망을 조롱하며
조선 건국의 야망을 드러냈던
이성계 장군은 몰랐다
하늘이 안아주고 지켜주는
온전한 온 고을이기에
완전한 고을 전주이었음을
장군 이성계는 까맣게 몰랐다
518년 만에 종지부를 찍은
반 천년 조선의 역사를
유구히 이어갈 수 있게 하는
도심지가 꽃심이란 것을
온전한 고을 전주가
바로 그 꽃심이었다는 것을
태조 이성계는 미처 몰랐다

"꽃심 전주"를 생각한다. 꽃의 심, 꽃의 힘, 꽃의 마음인 꽃심이 전주의 정신이다. 오목대에 오르면 "반 천년 조선" 역사 속에 내가 있다. 상수리나무 그늘에서 태조 이성계를 떠올려보며 내가 살고 있는 온고을 전주의 숨소리를 들어 본다.

꽃심은 대동, 풍류, 올곧음, 창신 등 네 가지 정신을 품고 있다. 문화예술을 사랑하는 온고을 오목대에서 매미 소리를 듣는다.

비

이숙희

하늘이 가슴을 찢는다.
천둥은 소리쳐 포악하고
비는 인간의 목숨을 풀어 놓는다.

생이 버거워 몸부림치다
하늘 지워버리고 싶어
공중 헛발질로 자지러지는 빗방울들

어제 누군가에게서 마음 접고 돌아섰던
등을 쓰다듬듯 찾아드는 빗소리
구름기둥에 기대었던 생……

만나면 헤어지는 게 운명일지라도
길은 언제 어디서나
꿈꾸는 무지개를 그린다.

바람의 혼 흔들어 깨우고
땅과 만난 구름
땅과 만난 새벽 4시 17분.

몸에 녹아든 슬픔이 구름이 되었나보다. 가슴속에 타다 남은 눈물은 새까만 구름이 되었나보다. 먹구름, 어쩌란 말인가? 구름도 힘들면 눈물을 쏟는 거지. 빗방울은 유리창을 흔들며 누군가의 그리움을 접는다.

운명이라고 포기하지 마라. 애절한 숙명도 내가 선택한다. "공중 헛발질로 자지러지는 빗방울들"이 혼을 깨운다.

텃밭에 풀을 뽑으며

서 석 구

나는 텃밭을 가꾸고 있다
하루에도 몇 번씩 기웃거려 본다
채소도 자라고 잡초도 자란다
갈 때마다 잡초를 뽑아 보지만
뒤돌아서면 잡초는 내 손보다 빨라서
감당하기가 어렵다.

생각해 본다
내 마음에 잡초를 이렇게 뽑았다면
깨끗한 마음의 밭이 되었을 텐데
텃밭에 풀도 무성하지만
내 마음도 쑥대밭이 될 때가 더 많다.

텃밭에 풀도 뽑고
마음 밭에 풀도 뽑고
부지런히 마음의 밭을 갈아야겠다.

잡초를 생각한다. 하찮고 버림받고 아무렇게나 살아가는 풀. 누구도 이름을 불러주지 않는 풀은 뽑힌다. 엉겅퀴, 강아지풀, 닭의밑씻개라고 부르는 닭의장풀, 애기똥풀 그리고 연보라 꽃을 피우는 비비추를 생각한다.

마음에 심지 않아도 자생하는 미운 사람, 그 미운 사람을 불러보는 내 마음의 쑥대밭이 짙다.

붉다

김 혜 경

어느 틈에 왔을까
왕눈이 저 사내,
백주대낮 십구 층 난간에 매달려
삼복에 등물 친 알몸
닳도록 훑는다

여기가 어디라고 겁도 없이 올라와
주먹만 한 눈망울 위아래로 굴린다
화들짝 나도 모르게
젖가슴을 가린다

능청스런 저 눈길 왠지 낯설지 않다
제풀에 뜨겁게 익어가던 고추잠자리
유유히 자리를 뜬다

나도 따라, 붉다

페이소스가 강렬하다. 유유히 자리를 뜨는 고추잠자리, 아닌 척 한다. 그러나 등물 친 알몸을 흘겨보며 난간에 매달릴 힘이 없으면 애당초 붉지 않았으리. 고추잠자리가 아니리. 아닌 척 외면하는 잠자리가 그린 날갯짓은 붉다.

겁도 없이 "화들짝 나도 모르게" "제풀에 익어가는 고추잠자리", 능청스런 눈망울이 그립다. 바지랑대에 앉아서 "주먹만 한 눈망울을 위아래로 굴"리던 내 어린 시절의 고추잠자리도 붉었다.

홀로 쓸쓸하게

이 운 룡

길은 뚫렸어도 또 생기고 점점 넓어진다.
갈 길은 묻히고 점점 좁아진다.
홀로 밥을 짓고 구석진 방에 잠자리를 편다.
눅눅한 이불을 널고 고슬고슬 햇볕을 쬔다.
햇볕이 구겨진 주름을 펴고 끌끌 혀를 찬다.
참새들도 너무 적막하다고 쫑알거린다.
오래된 집 기둥이 골다공증을 앓는다.
아무도 엿보지 않는 봉창에 비가 들친다.
접시꽃이 피었다 외로움을 안고 떨어진다.
다 찌그러진 우편함 바닥을 훑어본다.
굽은 허리가 발 하나 더 달라고 조른다.
입씨름이라도 하고 싶어 까치가 깍깍거린다.
들 고양이 양은밥그릇은 언제나 비어 있다.
방문을 열어놓고 먼 산을 넋 없이 내다본다.
산 너머 그 너머 마을을 마음속에 그린다.
홀로 말하고 홀로 듣는다, 참 쓸쓸하다.

한 송이 꽃은 처량하다. 어울려야 아름답다. 세월의 주름은 굴곡이 깊어서 햇볕도 힘들게 왔다 간다. 봉창 밖의 빗방울도 외로움을 알고 그냥 지나쳐 떨어진다.

"홀로 밥을 짓고 구석진 방에 잠자리를" 펴고 계실 화자의 외로움에 따스한 햇살 대여섯 필 드리고 싶다. 눅눅한 이불 주름을 사랑으로 다림질 할 수 있을까? 노인은 쓸쓸하다. 접시꽃도 쓸쓸함을 등에 지고 떨어진다. 허리는 굽고, 숭숭 뚫린 뼈를 건드리고 가는 바람 소리가 무섭다. 화자 옆에서 다정하게 손잡아줄 따듯한 사람이 그리웁고 또 그립다.

별리別離

박 경 희

가을이 오고 단풍이 물들면
가슴 속 숨은 암반수 넘쳐흐른다
그대 떠난 날
추적추적 비는 내리고, 부르튼 입속으로
슬픔을 꿀꺽 삼키던 통증,
달력 걸린 못에 고무줄 걸어 첫 표시하고
찰랑찰랑 저울 수 헤어보며
성냥개비 숫자로 표시한 후
긴 손톱 새끼손가락으로 휘휘 저어
맘 놓고 마시던 때가 아련하다
할머님이 빚었던, 시큼 달큰한 우리쌀
우리밀의 농주 한 사발 마실 때면
울긋불긋 가을 산으로 물들었다
쌀쌀한 늦가을 해질녘에
두 눈 붉게 충혈되어, 그대 떠난
먼 산 바라보며
멍먹한 목구멍으로 들어붓는 술
부추전 손으로 집어서
우적우적 눈물 섞어 삼키고 있다

"농주 한 사발 마시"면 상처만 남긴 옛 사랑이 떠오른다. "부추전 손으로 집어서" 또 한 잔 마셔볼까? 늦가을의 풍경은 화사한데 황금옷을 벗어버린 은행나무 꼭대기 옥탑방이 아슬아슬하게 보인다.

둥지를 떠난 사랑, 그 위태로웠던 사랑은 별리 이후에도 통증만 남는다. 새끼손가락으로 저어서 취하도록 마시고 싶은 농주가 아른거린다. "우적우적 눈물"에 취한다.

고려인 마을

김현조

평상에 누워 하늘을 바라보다가
긴 장대로 별을 톡톡 건드리면
밤송이처럼 별이 툭툭 떨어진다
도시로 간 별들은 가로등이 되고
가까이 걸어 둔 별들은 반딧불이 되고
미처 줍지 못한 별은 도깨비불이 되었다

500원어치 깨를 사서 하늘에 흩뿌리고
사나흘을 기다리면 새싹이 돋아난단다
하늘에서 박힌 깨알들은 주렁주렁 별들을 매달아 놓고
가을에 이천 원어치만 되판단다
그래도 이문이 남는다고
참으로 귀하다고 한다

시인은 중앙아시아 우즈베키스탄에서 15년을 살았다고 한다. 뼛속으로 파고드는 추위를 경험했으며 실컷 고독을 체험했다고 한다. 그래서일까, 평상에 누워서 본 별들은 마치 하늘에 흩뿌린 깨알 같다고 한다. 그 깨알을 장대로 건드리면 밤송이처럼 떨어지며 가로등과 반딧불이와 도깨비불이 된다고 한다.

“500원어치 깨를 사서” 흩뿌려 “이천 원어치” 팔았으니 이문이 쏠쏠하겠다.

오후 세 시

이문희

비가 내린다

오랫동안 하릴없는 사람처럼
바라만보다가
빗속에 남겨둔 것들을 만진다
저만치 비껴서있는,

시간은 언제나 밀쳐왔다 밀려가고
풀지 못한 과제들처럼 슬픔과도 해후한다

슬픔을 빗속에 여러 번 헹구어
빛 좋은 날
포플러 가지위에 걸어두고
웃음을 와르르 쏟아내고 싶다
웃음의 뿌리는 슬픔이기도 한 것이므로

이제 내 가슴 속에서만 비가 내린다

"슬픔을 빗속에 여러 번 헹구어" "포플러 가지위에 걸어두고/ 웃음을 와르르 쏟아내고 싶다"는 화자에게 웃음을 전하고 싶다. 웃음의 뿌리가 슬픔이라고 했던가, "풀지 못한 과제들"이 궁금하다. 욕심보따리에 쟁여놓은 시간들이 아닐까?

나의 오후 세 시, 생각만 하여도 온몸에 전율이 엄습해오는 시간이다. 오후 세 시, 나는 마음이 경건해지고 생각이 맑아 청정한 우물에서 낱말을 두레박으로 건져 올린다. 숙제 못한 화자를 초대하고 싶다.

위로

박 선 애

서리가 내렸음에도 국화가 아직 피었다는 것
이른 추위가 찾아왔음에도 온기를 나눌 사람이 있다는 것
촛불이 바람에 꺼지지 않고 번질 수 있다는 것
닫힌 철벽에 꽃을 붙일 수 있는 여유
두드려서 네 마음의 공감을 기대하는 것
기울어진 디케의 저울이 흔들거려
빈 소리로 일제히 허공에 뿌려져도
꽃가루로 떨어질 거라고 믿지 않는 것
그럼에도
이렇게 빛을 밝히는 내가
할 수 있는 게 이거밖에 없는 내가
끝까지 남을 나의 주인임을
알고 있다는 것

서리가 내렸음에도 피지 않는다면 어디 국화랴. 스스로의 존재를 세상에 알리는 일이 생의 목적이다. 시간의 끄트머리에서 엄습해오는 외로움과 소외감에서 벗어나려면 나와의 대화에 응답을 해야 한다. 온기를 나눌 사람이 손닿을 곳에 있는 사실만으로도 가을은 위로다.

서리 내리는 가을은 국화꽃을 볼 수 있는 기다림의 위로다. 철벽에 꽃이 핀다는 생각이 시를 불러내는 위로였다.

향수의 서곡

박 기 태

샘들이 있어 못 잊히는 곳
아니다
망부석의 기다림에
그리운 곳이 아니다
내장산이 있어 못 잊히는 곳도 아니다
정읍
살구꽃 같은 사랑의 꿈길이
정읍천 물굽이를 핥고
손을 흔들다
그만 가슴앓이 하는
바람이 있어서이다
정읍
붉은 함성을 몰고 오다
입술 깨물어 떨어진 핏자국에
황토가 붉게 물들었구나

어렸을 적 내가 기억하고 있는 정읍은 맑은 시냇물이 곳곳에서 흘렀다. 매일 소쿠리를 들고 가 물고기를 잡았다. 냇물은 내 고무신을 빼앗아 도망치기도 했다. 내장산에서 '단풍'이라는 단어를 알게 되었으며 사랑의 색도 느꼈다.

화자는 가슴앓이 하는 바람이 있어 향수를 느끼나 보다. '녹두꽃이 떨어지면 청포 장수 울고 간다'는 황토빛 고향이 그립다.

횡단보도에서

김 정 수

'ㄱ'자 같은 부부가 횡단보도를 건너간다
구순을 바라보는 동안
손을 꼭 잡고
서로를 염려하면서

급할수록 천천히 세상을 건너왔다
파란불을 바라보는
부부의 얼굴에는
언제나 안도의 빛이 어렸다

세월의 저편과 이편을 이어주는
횡단보도에
발자국을 찍으면
늙은 부부의 등 뒤로 깔린 노을이 붉다

"횡단보도를 건너는 노부부"의 모습, 한 폭의 그림을 보는 듯하다. 노을이 깔린 횡단보도는 급할수록 천천히 건너야 안전하다. 살아 온 생도 그러했으리라. "늙은 부부"의 등 뒤로 깔린 노을이 황홀하다.

파란불을 바라보며 걸어가는 부부의 손은 얼마나 따뜻할까. 그 따스한 생의 훈훈한 온기가 내게로 와 닿는다. 노부부의 서로를 배려하는 마음이 사랑이다. "서로를 염려하면"서 급할수록 천천히 걸어가는 노부부, "등 뒤로 깔린 노을이 붉다" 콧날이 시큰하다.

연애편지

김 대 식

뭐해요, 가을인데……

강변엔 갈대가

산자락엔 억새가

언덕엔 쑥부쟁이가

시냇물엔 햇살이

가로수에는 은행잎들이

거리에는 연인들이

뭐해요, 가을인데…….

갑자기 뇌리에 스치는 사람에게 편지를 쓰고 싶다. 억새가, 쑥부쟁이가, 은행잎들이 오색단풍처럼 예쁜 꽃편지를 쓰라고 유혹한다.

가슴 깊이 쟁여 놓은 그리움을 가을바람이 끄집어낸다. 아, 나도 한때 거리의 연인처럼 사랑의 주인공이었는데, 외롭다. 가을 깊다.

엑스트라

김 인 숙

불이 켜지자
서늘한 바람이 이마를 스친다
꿈에서 깨어나 듯
서둘러 스크린 밖으로 빠져나가는 관객들
우수수 낙엽이 날린다

엔딩화면 속 날아오르는
기억 저편 익숙하고 낯선 이들이 하나 둘
계절 속으로 사라진다

동네 아저씨1, 행인1,
주인공 주변을 얼쩡거리던 단역들이
날아올라 흩어진다
날아오르는 이름 속에 나도 묻혀
사라진다

아무도 기억해 주지 않는 엔딩 크레딧의 낙엽들
극장 앞 골목에 흩날리고 있다

기억을 더듬어 보니 엔딩 크레딧을 한 번도 읽어본 적이 없다. 눈길조차 주지 않았다. "서둘러 스크린 밖으로 빠져나가"려고 불이 켜지기 전에 일어났다.

낙엽은 외롭고 쓸쓸한 가을무대의 "엑스트라"다. 낙엽은 가을 얼쩡거리는 "행인1"이지만 낙엽이 땅에 뒹굴지 않으면 어느 누가 가을이 왔다고 하겠는가.

지금 시 한 편을 위해 언어사냥을 하는 나도 "아무도 기억해 주지 않는 엔딩 크레딧"으로 지나가리라. 아등바등 견디어 온 생, 시간을 밟고 지나가는 엑스트라일 뿐이다.

가을 적막

정병렬

올가을엔 고향에 내려가 성묘를 하고
추석 달을 안고 다니면서
귀뚫이도 취해서 운다는 이슬주를 마시고
풀벌레랑 함께 울어야지
가을 적막을

달이 시들거리면 먹여야지
문간너머 빨간 전구 같은 홍시를 따 먹여서
고향이 환한 적막의 가슴을 보듬고
헐벗은 지붕에 가난 복이 익어가는 조롱박
덩실한 달덩이하나 보듬으면
열릴까

달이랑 박을 안고 가을 북을 치면
가난한 적막의 마당 황금이 쏟아질세라
이 가을 절 한자리 정중히 올리네
하늘에 선영에

이슬주를 마신 화자처럼 이유 없이 울고 싶다. 풀벌레처럼 아무 데서나 퍼질러 앉아서 울고 싶은 가을이다. 고향이 적막하면 가난한 달이 더 슬퍼진다.

양말 뒤꿈치를 꿰맬 때 어머니가 쓰시던 알전구가 빨갛게 익었구나. 홍시를 따서 시들한 달을 꼬드겨볼까. 적막을 따뜻한 가슴으로 보듬고 싶은 조롱박이 있는 고향이다.

꽃무릇 연정

서 상 옥

애틋한 그리움 치솟아
불꽃 튀는 사랑으로
땅 깊이 뿌리 맺고 하늘 향해
붉은 정열 태우나 보다

나뭇잎새 풀벌레 소리
초록빛 이슬 먹어 치켜온 넋
기다림에 지쳐 사라져 갈 때
못내 아쉬움으로 찾아온 연정

활활 타오는 가슴 열어
산자락 화사하게 덮여 와도
한줄기 꽃무릇
외로움으로 남는다.

붉은빛을 토해낼 것 같은 꽃무릇을 생각한다. 꽃잎은 그리움에 붉게 멍이 든 흔적일까. 선홍빛은 화사하다 못해 애틋하다.

"연정"이란 낱말을 끌어다 올려놓은 시인이 기억을 흔든다. 꽃무릇에서 "불꽃 튀는 사랑"을 느낀다는 화자, 기다림에 지쳐 행여 내 몸 불살라 붉디붉은 꽃무릇으로 피어날 지도 모르겠다.

시인은 아직도 활활 타오르는 불꽃 청춘인가 보다.

모악산의 가을

정 경 룡

가을이 오는 길목에서
모악산을 오른다

진달래 활짝 웃는 봄
매미들이 합창하는 여름
오색 단풍 아롱진 가을
하얀 이불 펴 놓고 손짓하는 겨울

철마다 반겨주는 모악산은
어머니의 품이다

안항 친구들아 올 가을에도
모악의 어머니 품을 찾아
돈독한 우정을 다지자

바라만 보아도 마음이 따뜻해지는 산이다. 시의 힘은 모악산을 사계절로 치장하고 있다. 모악은 봄, 여름, 가을, 겨울 풍경에서 눈물과 웃음과 기쁨 그리고 고통의 모습으로 떠오르는 어머니 산이다.

사유의 폭이 깊다. 금방이라도 내 이름을 불러줄 것 같은 모악산의 바람, 그 바람의 품속에 안기기 위해 화자는 가을을 등에 짊어지고 간다.

쟁반

안 영

둥근달을 올려보며 그리운 이름 하나 불러본다
숯덩이 같다던 그 가슴속을 들여다본다

갈퀴손 어머니,
기름 짤 참깨 아끼지 않고
소를 넣어 송편을 빚으셨다
꼬깃꼬깃 고쟁이 속 만 원짜리 몇 장
한 쟁반 꾹 꾹 눌러 싸 주시던 어머니,
부뚜막에 걸터앉아 씹지도 않고 한 술 넘기시듯
그렇게 서둘러 숨 넘어 가셨다

그 무덥던 계절이 끝난 빈들에
마른 풀씨가 흔들린다
벌써 몇 년 째 안 보이시는 어머니,
오늘 밤엔 제발 유모차 밀고 오시기를 애 터지게
빌어 본다

보름달이 송편 가득한 쟁반이다
딱 어머니 얼굴 같다

양은쟁반은 어머니의 둥근 마음이 담겨 있다. 추석명절 송편을 만들어서 쟁반에 가득 채우고 나면 보름달은 풍요로워 보였다.

송편을 먹으면서 어머니의 갈퀴손을 떠올리는 화자가 안쓰럽다. 부뚜막에서 찬밥 한 술 넘기시던 어머니가 유모차를 밀고 오시기를 기다려 보는 이번 추석은 더 슬펐을 것이다.

산이 우는 까닭

이 인 심

산은 울 어매의 젖무덤이다
찾을 때마다 친근한 가슴이 되어 주고
새들의 지저귐과 함께 나를 재운다
동네마다 홀로 사는 노인처럼
산도 외로워서 들짐승을 불러들일까
나무도 외로워서 새들을 불러 모을까
산사의 종소리가 울려 퍼지는데
낮 술 한 잔 걸친 산이 꺼이꺼이 울고 있다
붉은 먼지로 수의를 지어 입고
또 하나의 마감하는 생을 조문하며
꽃들의 영정 앞에 엎드려
억장이 무너지듯 울고 있었다

이 시에 금세 물들고 말았습니다. 산이 “낮 술 한 잔 마시고 꺼이꺼이 울고 있다”니요? “꽃들의 영정 앞에 엎드려” 울고 있을 화자를 초대하고 싶네요. 외로움도 손님이니 손님이 떠날 때까지 잘 모셔야지요.

삶의 깊은 계곡을 가보셨다면 외로움도 사치란 걸 알게 됩니다. 생과 사의 징검다리에서는 하루가 기적이기 때문이지요. 꽃이 시들었다고 눈물을 흘린다면 종소리도 멈출 수 있답니다.

잃어버린 가을

최 신 림

회색 도시에 가을 찾아 왔다
그 곳은 더 이상
풍요로운 곳 아닌
공장 매연과 자동차 배기가스로
질식해 가는 폐허였다

포개진 하늘 속살 끄집어
갈무리하는 도심
빈 바람 허허롭게 밀어내고

가슴 깊이 묻어버린
계절 잃어버린 하늘
꼬방동네 그리워하는 무리들만
발 동동 서성인다

가을이면 짙게 물든 단풍나무 아래에서 누군가가 서성이는 것 같아 자꾸만 창밖을 내다본다. 마음이 허허로우면 가을 색은 회색이다. 그리움이 살짝살짝 가을바람 등에 업고 도심의 화자 곁으로 온다는데 질식해 가는 폐허란다.

가을을 잃어버렸으면 겨울이란 말인가? 회색 도시의 가을은 시인에게 한 편의 시를 쓰도록 유혹할 지도 모른다. 공장 굴뚝 아래에 핀 구절초가 시다.

용미리 붉은 단풍

박 일 소

못다 한 사연 두고
잠든 영혼들이 모여서 일까

여러 산사람이 쏟고 간
눈물을 먹고 자라서 일까

청춘에 잠든 아들
어미의 애타는 마음이
그곳에 스민 때문일까

봄인데도 용미리 단풍은
유난히 붉다

눈물을 먹고 자란 나뭇잎은 붉은가 보다. 잠든 영혼들이 눈물을 쏟으면 나무는 핏방울처럼 붉디붉어진다. 생명은 서로 상통하기 때문이리라.

밤마다 별빛이 그리워 슬픈 사연을 쓰고, 지우고, 또 써내려간 詩도 붉다고 했다. 하늘나라 별이 되어버린 자식을 그리워하는 어미의 심장도 단풍 들었겠다. 얼마나 아리고 쓰라린 생일까? 그 단풍을 보러 '용미리추모공원'에 간다.

저물녘

배 귀 선

소소한 흔들림에서 시작되었다
이내 걷잡을 수 없는 바람이 불었다

햇가지 같은 마음 꺾여, 후회는
필경 가까운 곳에서 깊어지느니

그대에게 흔들리며 일렁인 나도
분명 어디 상처 주고 살았겠다

꽃 같은 사람아
지금은 가을, 잎도 떠날 시간이다

잎 지면 내 마음도 한풀 꺾일 터
안녕, 손 흔들며 보내지는 못하더라도
너무 미워하지 말자

해가 지고도 한참 노을이 붉다

가을 뒷모습이 쓸쓸하다. 나무가 잎을 틔워 매달 듯이, 한평생 살아가며 우리는 숱한 인연을 만나고 또 만든다. “소소한 흔들림”으로 온 그 인연이 “걷잡을 수 없는 바람”이 되기도 한다. 그 바람에 흔들린 나도, 내가 매단 잎을 흔들어 바람을 만들고 또 다른 인연에게 상처가 되기도 할 터이다. 낙엽이 진다.

“잎 지면 내 마음도 한풀 꺾일 터”이다. 나무가 평생 잎을 매달지 못하듯, 사람의 인연도 평생 이어지지는 못할 것이다. 그러나 “해가 지고도 한참 노을이 붉”듯 그 인연을 보내고도 우리는 한참 먹먹할 것이다.

11월

문인수

저것은 아직 주검이 아닐 것이다.
전주 덕진공원 덕진호반에는 붉게 마른 연대들이 고개
꺾고 허리 꺾고 팔 다리 툭툭 꺾어 물속으로 서걱서걱
들어가는 중이다.
바람 아래
무수히 나부대는 한 마당 도리깨질 같다. 한 바탕
행진 같다. 무성영화 같다.
저것은 물론 죽은 아버지들의 이름이다.
물 깊은 바닥 캄캄하게 쌓여 썩을 것이다.
거기 또 불 질러
새로 한 세상 꽃 피는 법일 것이다.

외롭고 쓸쓸할 때 겨울 연(蓮)을 만나보라. 칼바람에 꺾인 고요와 부러진 영혼이 숨어 있는 "무성영화"를 볼 것이다. "물속으로 서걱서걱 들어가는" 마른 잎맥은 햇볕 한 줌 품고 있어 찬란한 슬픔이 보인다.

겨울 연이 "한 마당 도리깨질" 같은 이유는 "물 깊은 바닥"을 "또 불질러" 꽃피울 태세를 하기 때문이리라. 말라비틀어진 꽃대를 꺾지 말지어다. 주검이 아닌 살아 있는 초록이다.

초승달

김환생

겨울
눈 내린 아침

흰 구름
하얀 산

구름과 산을
분별하기 힘든데

물 속
하얗게 언 삭풍朔風

아프게 흰
초승달의 등이
시리게 희다

병신년 정월 초하루도 얼마 남지 않았다. 서쪽 하늘에서 낮게 뜨는 초승달을 떠올리며 나목의 눈꽃을 본다. 나뭇가지가 초승달처럼 휘어진 것은 생의 무게 때문이리.

구름과 산을 분별하기 힘든 시력도 칼바람이 시린 등을 할퀴고 지나간 충격 때문이리. 설날이 성큼성큼 다가오는 눈 내린 아침에 현관에 걸어 둘 복조리를 생각한다.

마리아의 기도

김 영 후

그대는 아는가

그대가 사랑한다 말하지만, 오늘도
그대 위해 손 모아 기도하는 나의 소리를 듣는가

그대가 사랑한다 말하지만, 밤이나 낮이나
문밖에 서서 그대 위해 기도하는 내 마음을 아는가

사랑은 주고 주어도 받고 받아도 늘 부족한 것
사랑도 꿈도 젊음도 세월이 싫고 흐르고 흘러도

달이 지구를 바라보며 끝없이 돌고 돌아가듯
그대 위한 나의 사랑도 항시 그대로인 것을

그대는 아는가.

누군가 나를 위해 기도해 주는 사람이 있다면 얼마나 행복할까. 조건 없이 딸을 위하여 간절한 기도를 해 주시던 어머니가 그립다. 성탄절이 다가오니 자비를 배워보는 거다. 자비는 사랑의 명령이다.

주고 주어도 부족한 사랑을 한 소쿠리 담아서 절망에 몸부림치는 이웃에게 선물하면 어떨까. 온유한 마음도 옆구리에 끼고 말이다.

시계가 있던 자리

주봉구

지구의 중력 속으로
벽시계가 떨어져 깨어지던 날
시간을 잃어버렸다.

시간 속에서
시간 밖을 몰랐던 것.

고백하건데
이날 이때까지
시간의 가위눌림에 살아온 것.

한시도 눈을 떼지 못한
시계가 있던 자리만 찾아
깜박 속았던 것.

시간에 발목 잡혀 사는 화자는 “벽시계가 떨어져 깨어지던 날”부터 자유인이다. 시간을 잃어버려 “시간 밖”에서 사는 게 얼마나 행복할까.

시간에 끌려 다니다가 아니, 시간의 명령에 살다가 자유인이 된 화자가 부럽다. 벽시계를 뗀 그림자조차 기억하지 않으면 시간이 거꾸로 갈지도 모른다. 그러기를 바란다.

하얀 눈이 내리네

전근표

눈이 오네 눈이 내리네
눈이 오네 눈이 내리네
검은 때 덮어주고
찌든 때 씻겨 주려나 보다
소리 없이 사푼사푼
하얀 눈이 내리네
하늘하늘 춤을 추며
살랑살랑 소복소복
너와 나 좋은 세상
하얀 세상 좋으련만……
멍멍이 꼬리치는 세상
하얀 눈 내리면 왠지 좋을까

눈이 내린다. 마지막 달력에도 한 해의 고통을 살포시 덮어 줄 눈이 내린다. 미움과 욕심의 보따리에도 눈이 내린다. 내년에는 소리 없이 사푼사푼 눈이 내리듯 소외된 이웃에게 자비를 베풀어야겠다.

부끄러운 결심을 해본다. "하얀 눈이 내리"면 왠지 좋다는 동심이 부럽다. 살랑살랑 내리는 하얀 눈이 검은 근심 씻어 주는 세상이면 참 좋겠다.

퇴고

왕 태 삼

명태 두드리며
밤새
술 한 잔 따르고 받고

동트는 아침
보글보글
북엇국 익는 소리

후루루
한 수저 뜨고
서랍에 넣어 두고

백 일 뒤 꺼내어
다시 간 보는
말간 시 한 줄

한 편의 시는 시인의 고통으로 피어난다. 온몸의 전율로 원고지를 메꾼다. 내면의 아픔으로 시를 세상에 내놓는다. 방망이를 맞는 명태를 생각한다. 술맛과 북엇국 맛을 위하여 명태는 얼마나 몸을 뒤틀었을까? “백 일 뒤” 원고지에서 추락하지 않기 위하여 시는 서로를 부둥켜 안고 있을 거다.

시에게 술 한 잔 권하고 싶다. 시인이 완성된 시를 읽고 무릎을 칠 때 명태의 상처는 화들짝 꽃으로 피어나리라.

관피아

전 병 윤

별에도 달에도 없는 모자 전관예우,
물길을 트기도 막을 수도 있는 감투
참으로 큰 이빨들이 깨끗도 하겠다

올챙이는 몸보다 꼬리가 더 큰 법
어느 날 꼬리를 감쪽같이 감추고
개구리 되고나더니 두꺼비도 되겠다

호랑이도 무릎 꿇는 순한 큰 산 여우,
꼬리를 떼라고 산울림이 커 가는데
변사도 여우 콧등에 가면을 씌우겠다.

재밌다. 속이 후련하다. 이래서 시인이 되기를 참 잘했다고 생각한다. 이 통쾌함. 내 꼬리도 올챙이처럼 큰지 만져보는 즐거움. 손에 잡히지는 않아도 누구에겐가 꼬리를 떠올려 보는 무더위가 결코 덥지만은 않다.

삶이 먼지처럼 쓸모가 없을 때, 존재감이 흔들릴 때, 별과 달을 불러 보면 어떨까? 하! 개구리가 뛰는 이유를 알겠다.

이대로 돌이 되어

류 희 옥

당신을 사랑하는 이 가슴
망울진 채 평생
피워낼 수 없다면

이대로 돌이 되어
그대 몸 다하던 날
석관石棺으로 깎여

향기어린 마디마디
이승의 파편들을
감싸고나 살으리.

애절한 사랑이 담긴 시다. 몰입하고 보니 마치 사춘기 시절 가슴 아픈 상처가 되살아나는 듯하다. 수수만년 머리가 하얗도록 꽃피우지 못한 그늘진 사랑을 품고 살다니.

한이 맺혀 그대의 "석관石棺으로" 거듭나서 "이승의 파편들을/감싸고" 싶다니? 허리통증도 아픈 사랑을 공유하는 표징인가? 사랑을 해봐야 시인이 될 수 있다. 아니, 이별의 상처를 가진 사람이 아픈 사랑의 시를 쓸 수 있다고 했던가. 시인이 우주의 모든 사물을 사랑할 때, 시는 분출된다.

나에게

추 인 환

내 삶이
어떻게 가고 있는지
궁금한 적이 많다

언제 쯤
막다른 골목길처럼
갈 수 없는 길을 만나면

내가 어떻게 해야 할지
몰라

외로운 적이 많다

외로워 내가 나에게 말을 건네 봐도 묵묵부답이다. "내 삶이/어떻게 가고 있는지" 물어 보아도 대답이 없다. 다만 허전한 마음에 찬바람만이 스치고 지나갈 뿐이다.

나의 모습이 호수 잔물결에 일렁일 때, 나를 바라보고 있는 내 이마의 주름살이 지나간 시간을 말해 준다. 후회가 금방 밀려와 누구에겐가 용서를 빌어야 할 일도 어둡다.

"막다른 골목길"에서 뒤뚱거려도 아무도 나를 잡아주는 사람이 없다.

연

김대곤

바람 부는 날 실꾸리 풀며
연을 날린다
긴 꼬리 가오리연
삼촌들 물레 풀며 네모난 방패연 날린다
삼삼히 보이지 않는 실을 따라
눈발 날리고 바람도 날리고
아버지 꾸중도 날리고 어머니 나무람도 날린다
들판과 하늘이 너무 넓어 어지러운 날
우리는 마음대로 까불고 마음대로 춤추고
달리고 넘어지고 웃다가 까무라친다
들판에 벌렁 누운 동무 옆
골마리 내리고 소피보는 삼촌이 보인다
우리는 모두 잠시 동네 부모와 이웃에 맡겨져 사는
애초부터 하늘과 들녘의 개구쟁이 요정이었다
이젠 꼬리 흔들던 가오리연 간데없고
생계형 비정함과 매연에 묻혀
턱수염 까칠한 방패연이 되어
구름 겹겹한 하늘을 난다.

"달리고 넘어지고 웃다가 까무라친다"를 읽으니 개구쟁이 적 내가 떠오른다. 목덜미를 휘도는 강바람이 털장갑을 끼고 불어온다.

"아버지의 꾸중"도 "어머니의 나무람도" 연에 실려 날려 보냈던 어린 시절……. 까무러치도록 웃어본 지가 언제였던가. 화자처럼 들판에 벌렁 누워 까불고 깔깔대고 싶다.

얼레에 감긴 실이 술술 풀리듯 꿈도 그렇게 풀렸으면 한다.

어머니의 시간

조경옥

점점 낮아지고 작아지는 집, 대문이 사라진 집
경계를 허무는 그곳에 늙은 어머니 꽃들과 함께 흔들린다
보고 싶은 것만 보시라고 시력은 뒷걸음질하고
듣고 싶은 것만 들으시라고 청력은 아득해졌는가
꽃 같은 시간 훌쩍 사라진 자리에 홀로 남겨진 어머니
마음만은 꽃 같아서 어머니 꽃자리는 낮아지지도,
작아지지도 않는다 여전히 꽃들은 그들의 시간 지나고
어머니의 시간만 가벼워진다

어머니의 시간은 자식의 시간이다. 마술사처럼 배고플 때 따뜻한 밥과 색동저고리와 꽃버선을 만들어 주셨다. 금방 대문을 열고 들어오실 것 같은 어머니 목소리.

꽃 진 자리에 어머니를 닮은 내 모습이 첩첩 슬픔으로 스며든다. 생각만으로도 가슴이 아리는 어머니다.

투병

최 덕 자

불청객으로 찾아온
병은
시시때때로 나를
괴롭힌다
어르고 달래보지만
막무가내
팽팽한 신경전 끝에
눈을 감고 병을 품었다
전의戰意를 상실한
내가 안쓰러웠나
기세등등하던 병이
꼬리를 내리고 떠난다

투병도
단단한 생을 위한
담금질이란
깨달음을 놓고

“담금질”이란 어휘를 수십 번 되감기하는 동안 대장간의 망치질 소리가 가슴을 친다. “불청객으로 찾아온/병”을 어쩌랴. 제대로 된 농기구를 만들기 위해 열처리하는 쇳덩이일까? 물속에 담갔다가 다시 불에 넣기를 열두어 번, 대장장이의 손에 담금질 당하는 쇳덩이를 생각해 본다. 행여 병의 고통으로 부대끼는 화자가 전의를 상실하고 삶을 포기하지 않을까 두 손 모아진다.

“투병도 단단한 생을 위한 담금질”이라고 신神께 순종하는 아름다운 모습이어서 마음 놓는다.

결박당한 한몸이다

송 일 섭

남고산성을 따라가면
돌들이 엉켜있다
남남이듯 제멋대로지만
자세히 들여다보면
큰놈은 작은놈을 으스러지게 껴안고
작은놈은 큰놈을 악착스럽게 떠받치고
있다
눈비에 오래 시달리면서
기쁘고 좋은 일만 있었을까
그 중에 몇 놈은
시큰둥하게 비껴 설만도 한데
저리 결기 넘치는 한몸이 되었을까
성첩의 어느 돌 하나
따로 노는 놈이 없다
서로 꽉 껴안아 더 단단해진 성첩에서
마음 모아 눈 부릅뜬 민초들을 본다.

서로를 꽉 껴안은 성첩의 돌을 눈 부릅뜬 민초로 의인화 시키다니요. 남고산성을 오르면서 성첩은 보았으나 "큰놈이 작은 놈을 으스러지게 껴안고" 있는 민초들은 보지 못했습니다. 사물과 일체가 되어 세상을 바라보는군요. 그렇지요, 공동체에서 따로 노는 놈은 왕따를 당하거나 파울볼처럼 허공으로 날려가 버릴지도 모릅니다.

"서로 꽉 껴안아 더 단단해진" 우리는 한몸입니다.

1월

송 희

달의 옆선이 바람에 깎였다
달걀형이다

바람의 살집도 뼈만 남아
코트자락이 헛돈다

네가 빠져나간
갈빗대 사이를 달 부스러기가 채운다

새해가 닫힌 창문으로 들어와 달력을 바꿔 달았다. 대문짝만 한 1월이 마치 신나는 행운이 있을 거라는 희망을 준다. 황금돼지 해인만큼 막연한 기대를 가져본다.

"달의 옆선이 바람에 깎"여 아픔이 보여도, "코트자락이 헛"도는 앙상한 몸집이어도 세월은 꼭 화자를 기억하리라. 그럴 거라는 믿음으로 우리는 산다.

부스러기가 갈빗대 사이를 채울 때 달은 제 몸 불려 1월을 지나갈 것이고, 1월은 2월 꽃눈으로 바뀌질 것이다.

경칩 무렵

안성덕

산수유나무 가지 끝에
콕콕 쪼아놓은 부리 자국이 나 있다
연이틀 내리던 비 그치자
졸졸졸 개울물 소리가 가려운지
버들개지도 귀이개를 부풀린다
촐랑대는 검둥개를 앞세워
어머니는 뒤꼍 무구덩이를 헤치고
겨우내 마른기침이 잦던 텃밭의 늙은 아버지
모처럼 환하다
자가웃 소낙눈에 발목 잡혔다는 대관령 너머로
고춧대 콩대 호박넝쿨 그러모아, 한나절
봉홧불을 피워 올린다
바람 편에 들은 아랫녘 꽃사태를 전한다

논두렁 검불 속에서 어머니
한 움큼 냉이를 캔다

시가 봄을 초대한다. 아직 "아랫녘 꽃사태를 전"하는 봄바람은 아니어도 어제는 겨우내 목에 두르던 털목도리를 두고 외출했다. "콕콕 쪼아놓은 부리 자국", 연둣빛 생명이 바깥세상을 염탐하는 걸 보니 금명간 "산수유나무"가 일을 낼 것만 같다.

"마른기침이 잦던 텃밭의 늙은 아버지"와 "논두렁 검불 속에서" "한 움큼 냉이를 캐는" 어머니도 봄꽃이다. 우수 지나고 경칩이 내일이다.

꽃에 대한 오해

이 재 숙

때죽나무 꽃들을 보라
꽃이 얼굴을 돌려 표정을 잡는 것은
계절 뒤에 매달릴 열매의 방향이다
겸손
아니다
하늘을 향한 해바라기
씨앗 하나하나 태양의 태를 품을 것이다

꽃이 그 봉오리를 세울 때
밤 깊도록 수런거리는 소리는
열매의 내일이다
화려한 자태와 향기
순간
아니다
생애 단 한 번 피워 올리는
평생의 사랑이 한 송이 꽃의 표정이다.

“씨앗 하나하나 태양의 태를 품을 것이다” 잠시 숨이 멎는다. 혼자만의 기쁨에 무릎을 탁 친다. 시를 영접하는 자만이 누리는 행복이다. 꽃의 표정이 “화려한 자태와 향기”가 아니라 “평생의 사랑이”라니, 그간의 “꽃에 대한 오해”를 풀기로 한다.

아파트 숲 노랗게 핀 산수유, 빨간 열매를 상상하며 꽃에 대한 표정을 잡아본다.

묵독

조 재 형

당신을 읽는 중입니다
읽을수록 손을 놓을 수 없습니다
가슴을 열람하고
옆구리를 빌립니다
모음으로 된 당신의 뼈
자음으로 된 당신의 살
감탄 부호로 찍힌 음성
수억의 관문을 뚫고 입성한 내가
가장 잘한 일이 있다면
당신을 열독한 일입니다
언제일까요
폐문을 맞이하는 날
이별을 박차고 이 별을 나설 테지만
당신이라는 양서를 택한 나는
우등 사서司書입니다
누군가 당신을 복사할까봐
차마 낭독할 수 없습니다
아무도 모르게 아무도 모르게
당신을 외웁니다

지구상에 내 속마음까지 읽어주는 사람이 단 한 명이라도 있다면 나는 참 잘 살아온 것일 게다. 분명 내 심장 구석에 감추어진 고뇌까지도 묵독할 테니까 말이다. 무관심은 뜨거운 가슴을 내어주어도 모르고 지나친다. 그러나 "감탄 부호로 찍힌 음성"까지 열독을 하는 이가 있다면 평생 외롭지 않겠다.

행여 열독을 들킬까 두려워 아무도 모르게 한 구절의 시를 밤새 읊는다면, 싸늘한 겨울 밤바람이 봄을 업고 올 것이다. 겨울눈이 연초록을 틔울 것이다. '묵독'할 어떤 '양서'를 택해야 할지 고민 중이다.

풀꽃

허호석

이름 알아주지 않아도
여기 피어 있습니다

스치며 눈길 주지 않아도
여기 피어 있습니다

풀숲에 묻혀 보이지 않아도
여기 피어 있습니다

누가 뭐래도 내가 꽃인 걸
내게도 하늘이 있어
여기 피어 있습니다

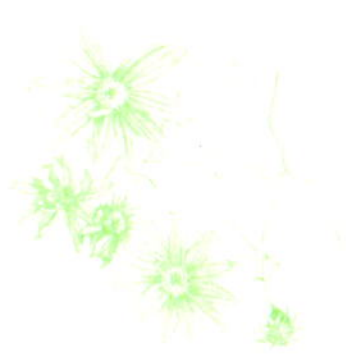

"풀숲에 묻혀" 빠끔히 얼굴 내민 돼지감자꽃이 치맛자락을 붙잡는다. 가녀린 줄기에 꽃을 이고 사는 풀꽃이다. 간당간당 노랑꽃이 바람을 붙들고 산다. 기생초가 시들고 나면 불쑥 고개를 내미는 꽃, 그 이름을 안 지 얼마 되지 않는다. 아무렇게나 천박하게 사는 것 같아서 눈길을 주지 않았는데도 꽃은 핀다.

그래, 네 이름을 불러주지 않아도 너는 매년 그 자리에 피어 있더라. 나도 너처럼 눈길 주는 이 없어도 산다.

꽃과 사람

안 도

꽃에도
사람처럼 영혼이 있다면
사랑 받은 꽃들은
시들지 않을 거야

사랑은
영혼 속에서
살아가는 거니까

사람도
꽃처럼 향기가 있다면
향 고운 사람들은 늙지 않을 거야

향기는
살아있어야
진하니까

사랑은 말하지 않고 확인하지 않아도 눈빛으로 안다. "사랑해?" 라고 묻지 않는다. 바라만 보아도 온몸을 휘도는 향기가 스며들기 때문이다.

갑자기 이 세상에 나를 사랑해 주는 사람이 없다고 생각할 때, 외롭다 말고 꽃을 사랑하라. 꽃은 조건 없이 나를 사랑할 것이다. 사랑받는 꽃은 시들지 않을 테니까.

지퍼

김기찬

하늘 밑과 바다 끝 그 경계가 아득한 저물녘이다

수평선 따라 통통배 한 척 천천히 지나가고 있다

멀리 벌어진 쪽부터 하루가 캄캄하게 채워지고 있다

수평선을 천천히 어둠으로 닫고 통통배가 지나간다. 한 폭의 그림이 뇌리를 떠나지 않는 다. 저물녘, 태양이 잠겨버린 곳으로 가보고 싶다는 찰나의 충동이 일기도 한다.

환상일까? 짧은 시가 육지에 살고 있는 나를 바다로 데려간다. 시인의 상상력 때문인지 파도소리가 안방까지 밀려오는 환청에 시달렸다.

수평선 너머엔 누가 살고 있을까? 비밀스런 곳, 그 곳의 지퍼를 열어볼까 생각해 본다. 누군가 그리울 때.

봄 불

최 정 아

생솔가지 한 묶음 꺾어두고
봉분 옆 밭두렁에 불을 붙인다
부러진 억새 잎이 축축하다
손바닥만 한 불씨가 남풍에
내 키를 훌쩍 넘어 혀를 날름거린다
생솔가지를 치켜들고 힘껏 두들겨도
도무지 잡히지 않는다
들을 건너 산에서 산으로 속진하는 불꽃
나는 눈을 뜰 수가 없다
입 속에서만 맴도는
산불이야 산불!

내가 눈을 떴을 때는 앞산 뒷산,
벚나무에 활활 불이 붙은 뒤였다
내면 저 깊숙한 곳
사그라진 줄 알았던 불씨가 새삼 타오르는 날

생솔가지를 치켜들고 힘껏 두들기는 건 봄바람에 꽃분홍 물든 마음이리라. 산불보다 더 빠르게 번지는 벚꽃의 열정을 누가 막는단 말인가.

뜨거운 그리움을 등에 업고 토방을 나서는 사람, 그 헐렁한 신발에 불씨를 지피고 있으니 그것이 꽃불이다.

행복발전소

이 형 구

강물이 꼼작 않는 날
생각이 꽁꽁 얼었다
건드리면 칼날처럼 쫘악 쪼개질 터
이런 날, 동네 마트 앞 골목
행복발전소에서 에너지를 얻는다
울분이 폭발하는 힘으로 세상을 돌리는 곳이다

시퍼런 면도날에 목숨을 맡긴 채
시커먼 천장에 매달린 거미를 본다
거꾸로 간당간당 사는 묘기를 배운다

빨강 파랑 흰색 표시등이 있는 발전소는
귀이개로 간지럼 꽃피우는 이발사가 있다
날선 가위로 신뢰를 다듬고
비누거품으로 분노를 씻어버린다
부글부글 끓어오르는 심장박동 소리로
녹아드는 강물인가,
강이 봄을 업고 발전소 문을 연다.

가족들은 왔다가 가버리고 쓸쓸한 그림자만 허공을 바라보고 있다. 왁자지껄했던 웃음소리는 온데간데없고 "울분이 폭발"할 것 같아, 강물은 눈 딱 감고 꽁꽁 얼어붙었나보다.

가족들을 만날 흥분으로 찾아갔던 이발소. 어쩜 천장에서 곡예사처럼 간당간당 위태롭게 사는 거미의 삶이 부럽기도 하다. "녹아드는 강물", 봄은 오고 있다.

봄이 봄이 와요

소 재 호

하, 모숨모숨 느낌표들 끓어오르는
아지랑이 산자락

시린 세상 손 놓았던 나무들
연록의 햇살 한 움큼씩 거머쥐고
제각각 목숨 챙겨 일어선다
아침나절 천지가 생명을 바르르 떤다

보랏빛 자운영 꽃밭도 끌어다 펴니
나비들도 굽이쳐 온다
누이의 고운 수틀

꿩의 붉은 울음 띄워
눈부신 산이 뒤뚱거리며 내려오고
나는 그냥 그대로
두근거리는 봄의 심장이 된다

고통과 시련을 내 안에 받아들일 때 성장한다. 거부하면 추락한다. 아슬아슬한 삶은 뼈를 곧추세우며 산다. 눈보라 속 겨울 목련나무도 그랬을 것이다.

봄, 봄이 오니 "자운영 꽃밭"의 "나비들도" 표정이 밝다. 두근거리는 봄의 심장을 어쩌랴. "꿩의 붉은 울음"에 화들짝 놀라, 봄이 온다.

자운영紫雲英

장 지 홍

엉망진창 눈감 땡감으로
사는 게
사는 것이 아니었어.
춘삼월 긴긴 해,
배고파 우는 어린것들,
풀죽 쑤어 먹여 살리던
어머니 휘파람 같은
한숨 꽃이 피었네요,
자줏빛 찡한 모성애,
전답 팔아 집 나간 큰자식
소식 없어 야속해도
마디마디 울음 생키며
겉으로 웃는 꽃
눈물 없이 볼 수 없는
우리들 엄니의 꽃
동진강가 거산 들녘에
암팡지게 널브러져 피네.

자운영은 어머니의 한숨이 녹아든 꽃이다. “풀죽”으로 하루를 사는 어머니의 배고픔을 알고 있는 꽃이다. 울음을 삼키는 꽃이라서 “동진강가 거산 들녘” 휘파람 소리가 꽃이랑에서 들린다는 화자의 슬픔에 공감하고 싶다.

“암팡지게 널브러져” 핀 꽃에서 화자는 살아서도 죽어서도 자식을 위해 헌신하는 어머니의 생을 떠올린다. “엄니의 꽃”이 피는 동진강은 해마다 봄이 되면 자운영 꽃빛으로 물든다.

어느 묵언

김계식

짧은 대화마저 접고
묵묵히 눈빛만 마주치는 건
좋아한다는 것

그 눈빛마저 꼭 감고
상대의 가슴팍에 가서 죽고 싶은 건
사랑한다는 것

백목련은
이 순간에도 홀로 익혀온 정을
바라보는 이를 위해
하얀 묵음默音으로 펼치고 있으니

이는
티 없이 맑은
지고지순한 사랑의 독백.

"지고지순한 사랑의" 희나리가 꺼지지 않고 백목련에 남아 있나보다. 아련한 보고픔이 꽃잎에 생각으로 스며있다. 생각을 어휘로 세상에 내놓는 시인에게 "하얀 묵음(黙音)"은 곧 사랑의 전율일 게다.

추위를 몸으로 견디고 홀로 우뚝 선 목련은 한 편의 사랑 시를 엮기 위해서 봄 햇살을 가슴에 품고 있다. 바라만 보아도 따뜻한 정을 주고 싶은 헌신적인 "사랑의 독백"이 가물가물 들려온다. 아무렇지도 않게 생각을 목련꽃잎에 새기고 싶은 봄날이다.

옛집에 가다

박 영 택

아픈 사연도 추억은 아름답지
지천명의 길이 나를 옛집으로 데리고 갔네
무거운 정적 몇 겹 둘러친 울타리 너머
검정고무신 한 켤레가 기다리고 있었네
그 동안 무슨 수상쩍은 일 있었는지
정지문은 입을 꽉 다물고
졸음에 겨운 시간이 눈비비고 있는 작은방에선
구구단을 외고 일기를 쓰는 유년의 밀봉된 꿈이
꾀죄죄하니 횃대에 걸려 있었네
그걸 못 보게 눈에선 모래알이 서걱거리고
달빛이 집안에 가득 찼을 때
서까래 낮은 안쪽에선 아버지 기침소리가 들려왔네
야윈 달그림자 서성이던 어린 발자국들이
서럽게 나를 따라붙어 칭얼거렸네.

아버지 두루마기와 어머니 비로드치마가 걸린 옛집에 가고 싶다. 대나무 막대를 잘라 양쪽 끝에 끈을 매어 벽에 달아맨 횃대를 떠올린다.

토방의 삐뚤빼뚤 식구들의 고무신이 오빠가 소리 내어 외우고 있는 구구단을 듣고 있을 그 집, 지천명의 화자가 간다. 명절이면 유년의 꿈이 밀봉된 고향집이 그립다.

꽃나무

김용옥

꽃들은 제 이름을 자랑하지 않는다

지독한 자기 연민과 사랑으로
한평생 흔들려도 목숨줄 부여잡고
제 목숨을 포기하지 않는다

나는 꽃이다
나는 꽃이다
석 달 열흘 땡볕가뭄에도
나는 꽃이다.
속울음 삼키며 눈 부릅뜨고 있다

꽃들은
목 놓아 제 이름을 부르지 않는다

"제 이름을 자랑하지 않는다"는 시인이 있다. "살고 싶지 않았을 때에도 살아서 고맙다."는 시인. '슬프고 아프고 괴롭고 쓰고 떫은 것들을 정화할 수 있어서 시에게 고맙다.'라는 시인의 말에 현혹 되었다.

시름시름 앓던 나도 눈 부릅뜨고 살아야겠다는 각오를 단단히 해본다. 사람들은 꽃나무를 볼 때 지나가는 행인처럼 바라본다. 달맞이꽃이 시들면 기생초와 베롱나무꽃도 시든다. 쇠약해 지는 꽃나무의 이름을 불러주려면 몇 편의 시를 더 탈고해야 하는지.

시의 꽃

이근풍

한 편의 시가

누군가의 가슴에서
희망의 씨앗으로
자리를 잡는다면

한 편의 시가

힘든 이의 마음에
사랑의 노래로
감동을 준다면

시가 꽃이겠다. 소외되고, 우울증에 시달리고, 타인으로부터 상처를 받아 괴로워하는 사람들에게 꽃처럼 위로를 준다면 시는 꽃이다.

한 편의 시를 읽다가 눈물을 흘려 본 사람은 안다. 눈물도 위안이 된다는 것을. 맺힌 응어리를 시로 세상에 내놓을 때 시인의 상처가 치유되기도 한다. 영혼을 청청하게 해 주는 마력을 품고 있어서다.

민들레 가시내야

조기호

어제는 싸랑부리로
살강 밑에
납작 엎드려 울더니

이 봄엔
하얀 민들레꽃으로
무작정 훨훨 날아가는구나

왼 낯바대기에
마른버짐꽃 허옇게 핀
전라도 촌가시내야

“살강 밑에” 씀바귀처럼 “납작 엎드”린 촌가시내의 흐느끼는 등짝이 보인다. 확독에 보리쌀을 갈다가 힘들어서 울었고, 부뚜막에 불을 지필 때 매운 연기가 눈물을 만들었다.

낯바대기 “마른버짐꽃”은 가시내의 무늬였다. 휘파람 불던 사내에겐 “하얀 민들레꽃”으로 보였으니 “훨훨 날아가”고 싶었을 게다.

자반고등어

유대준

눈빛조차 짜다
내장 다 빼낸 뱃속을 소금으로 봉한 채
통증을 발라먹고 있다

시장 모퉁이
물 간 바다 한 자락,
갯비린내 풀풀 날리는 햇살 쫓느라
물 한 바가지 끼얹자
몸을 절였던 바다가 허공 가득 풀린다

간을 쳐도 스미지 않는 몸,

한 때, 꼬리지느러미로 검푸른 바다 휘감았던 그가

더는 상할 것도 없는 짜디짠 고집
그 힘으로

좌판에 누워 온종일 시장바닥 헤엄치고 있다.

참 맛깔스럽다. 좌판에 누워 시장바닥을 헤엄치고 있을 간고등어가 마음을 끌고 간다. 나를 흔들어 놓는다. 짭조름한 간고등어에서는 연탄불에 구웠을 손 냄새도 난다. 어린 시절 햇볕 잘 드는 마루에서 귀를 후벼주는 어머니의 몸빼바지에 배어 있던 냄새 같다.

사르르 졸음 속에서 검푸른 바다를 상상하게 한다. 월급날 간고등어 한 손 신문지에 돌돌 말아 들고 오시던 아버지의 축 늘어진 어깨가 눈에 선하다. 온종일 통증을 발라먹고 산 부모님을 생각나게 한다.

이소애 감성 시 에세이
봄 여름 가을 겨울 그리고 봄

초판 1쇄 인쇄 2019년 6월 1일
초판 1쇄 발행 2019년 6월 5일

지은이 이소애
발행인 서정환
펴낸곳 신아출판사
주 소 전라북도 전주시 완산구 공북1길 16
전 화 (063) 275-4000, 252-5633
팩 스 (063) 274-3131
이메일 sina321@hanmail.net
출판등록 제465-1984-000004호
인쇄 · 제본 신아출판사

ISBN 979-11-5605-632-4 03810

값 10,000원

이 도서의 국립중앙도서관 출판예정도서목록(CIP)은 서지정보유통지원시스템 홈페이지(http://seoji.nl.go.kr)와 국가자료공동목록시스템(http://www.nl.go.kr/kolisnet)에서 이용하실 수 있습니다. (CIP제어번호: CIP2019021584)

Printed in KOREA